# DE L'ÉTABLISSEMENT

DU

# GOUVERNEMENT

## RÉPUBLICAIN

## EN FRANCE;

### PAR M. HIPPOLYTE VIGUIER.

PARIS,

TYPOGRAPHIE DE FIRMIN DIDOT,

IMPRIMEUR DE L'INSTITUT DE FRANCE,

RUE JACOB, 56.

1848.

# DE L'ÉTABLISSEMENT

## DU

# GOUVERNEMENT RÉPUBLICAIN

## EN FRANCE.

La révolution qui vient de s'accomplir ouvre à la France une ère nouvelle, dont les résultats, il faut l'espérer, seront aussi durables et aussi féconds que le mouvement a été prompt et admirable. A peine la lutte terminée, le calme est si parfait et si général, qu'on croit rêver, quand on pense qu'une république a succédé à une monarchie, et que nous comptons à peine quelques jours depuis cette secousse. C'est une grande leçon pour tous ceux dont les cris intéressés ou consciencieux s'étaient élevés avec tant de violence contre les idées républicaines, et les avaient proscrites comme inséparables du désordre et de l'anarchie. Hier encore, le pouvoir monarchique, organisé par une existence de dix-huit ans, entouré de toutes ses forces et de toutes ses ressources, luttait péniblement et sans succès devant l'opinion publique contre laquelle il s'est brisé ; et aujourd'hui un gouvernement provisoire, pris à l'improviste, et sorti du tumulte d'une révolution, fonctionne sans obstacle et sans opposition devant une masse d'hommes armés qui respectent ses décrets autant et plus même que s'ils étaient soutenus par un million de soldats. D'où vient donc cette destinée qui semble résoudre ce problème en sens inverse de la raison, en faisant de la force matérielle un instrument d'abaissement et de ruine, et de la faiblesse apparente, une cause de grandeur et de prospérité ? N'est-ce pas là un de ces indices de cette loi suprême, de ce droit sacré et imprescriptible que la nature a placé dans le cœur de l'homme, et qui fait de chaque individu un des ressorts indispensables sur lesquels l'ordre social repose tout entier ? Vouloir en détacher un seul et se passer de son concours, n'est-ce pas détruire toute l'harmonie de l'édifice, et l'exposer tôt ou tard à une ruine infaillible ? Si la monarchie est tombée, c'est que, fondée sur le privilége et l'exclusion, elle avait pour appui deux éléments de nature diverse, toujours occupés à se combattre et à se détruire. Si le pouvoir populaire s'élève si haut, c'est que, appuyé sur le concours et sur la sympathie des masses, il devient l'expression et la garantie de tous; et que tous y voyant le but où tendent leurs besoins et leur affection, unissent tous leurs efforts pour le rendre plus stable et plus puissant.

C'est là ce qui nous explique l'influence immédiate qu'ont prise ces hommes qui viennent de se placer à la tête de la révolution, et qui la dirigent avec tant d'énergie et de dévouement. Toutes les classes de la société se groupent autour d'eux. Sans autre force que le zèle et la bonne volonté des citoyens, sans autre attrait que l'ordre public et l'établissement d'un gouvernement populaire désormais indispensable, ils disposent des destinées de la France, et l'Europe attentive attend dans l'anxiété les décisions de ce tribunal souverain.

Maintenant que diront ces hommes dont toute l'importance personnelle s'est effacée avec les abus qui en étaient la source? Eux qui n'ont pas attendu le dernier souffle de leur monarchie pour se précipiter à la curée des places, et ramper sur le ventre aux pieds de ceux contre lesquels, pendant dix-huit ans, ils avaient vomi l'injure et la calomnie. A qui revient l'honneur? Est-ce à ceux qui, pour une place ou un peu d'argent, sautent à pieds joints par-dessus leur conscience, encensent tous les pouvoirs, et retournent leurs habits selon le temps et les circonstances, ou à ces ouvriers modestes et courageux qui, le lendemain de leur victoire, gagnée au prix de leur sang, et après tant de souffrances, rentrent paisiblement dans leurs ateliers, sans autre souci que celui de n'être pas obligés de travailler au delà de leurs forces pour pourvoir à leur existence et à celle de leur famille? Quelle belle et généreuse conduite après leur triomphe! Ni leur misère présente, ni le désir de venger de longues et douloureuses privations n'ont pu les tenter à l'aspect de l'or qui roulait autour d'eux. Ne voulant pas même que l'on pût leur reprocher le vol de quelques misérables isolés, qui se glissaient furtivement sur leurs pas pour profiter du tumulte, ils se sont établis les gardiens de ces trésors amassés par des mains avides, et qu'ils pouvaient considérer comme le fruit de leur travail et de leurs pénibles efforts.

C'est un fait reconnu par ceux-là même qui ont le plus d'intérêt à le nier. La classe ouvrière, en général, est essentiellement conservatrice et ennemie du désordre. Elle veut travailler; mais, dans son travail, elle ne veut pas être considérée comme une machine à fonction, comme un marteau qu'on use sans relâche jusqu'à ce que la rouille l'a détruit. Il ne veut pas que son salaire, soumis au caprice et à la cupidité du fabricant, lui fournisse à peine de quoi nourrir sa famille, et ne lui laisse pour perspective, dans sa vieillesse et dans ses infirmités, qu'une affreuse misère, et, dans son agonie, qu'un lit d'hôpital. Pourquoi donc serait-il lui seul déshérité de toutes les jouissances de la vie, et des richesses que donne la production dont il est une des premières sources? Pourquoi lui serait-il interdit de donner à ses enfants les premiers principes d'éducation qui, tout en développant leur intelligence, les rendraient plus aptes à leur industrie? Dans une société à refaire, il y a mille moyens de guérir cette plaie qui a rongé si longtemps la classe des prolétaires. Il y a tant de suppressions à faire, tant d'abus à corriger, qui attaquent tout à la fois la richesse et la morale du pays, que cette question, dont s'occupent aujourd'hui tous nos économistes, se résoudra facilement, quand on sentira tout ce que ces réformes sagement entendues peuvent fournir de ressources contre le paupérisme, et d'encouragement pour l'ouvrier, sans compromettre la fortune du fabricant. Mais on ne saurait trop y songer : l'ouvrier qui souffre ne peut produire que l'émeute et les révolutions; quand il travaille, il contribue à la prospérité et à la force du pays.

Cependant, je le répète encore, rien n'est à craindre de la part des travailleurs. Si la plupart d'entre eux tiennent encore le pavé, c'est que leur bonne foi a été si souvent trompée, c'est que les promesses ont si souvent fait défaut à leur confiance, qu'ils veulent aujourd'hui des garanties positives avant de quitter les armes et de rentrer dans leurs ateliers. Qu'on leur donne part à ce banquet républicain qu'ils ont eux-mêmes préparé, ils deviendront les plus fermes soutiens de nos institutions, et prodigueront pour elles, s'il le faut, tout leur sang et toutes leurs forces.

Ainsi, la France n'a rien à redouter à l'intérieur pour ses libertés naissantes. La république tient trop au cœur de notre société pour qu'elle ne grandisse pas. Après cette crise momentanée et inévitable dans un bouleversement, la confiance publique renaîtra d'un gouvernement tout à la fois sage et résolu, et des efforts impuissants des agitateurs.

Au delà de nos frontières, rien ne peut troubler notre sécurité. Depuis longtemps tous les États sont travaillés par cet esprit d'indépendance et d'égalité qui rend tous les peuples solidaires contre le despotisme et l'exclusion ; et la secousse qui vient de briser le trône de Louis-Philippe ne fera que hâter leur émancipation. L'exemple d'une grande nation qui recouvre ses libertés par son courage et par sa propre force, est un exemple dangereux pour des rois rouillés et décrépits. Attaqueront-ils notre révolution, quand leur pouvoir tombe en lambeaux et périt de lui-même?

Que deviendra l'Espagne avec sa constitution monstrueuse, plâtrée sur toutes celles qui se sont succédé depuis quarante ans, et sans cesse agitée par les besoins d'un peuple noble et généreux, qui n'a pas su arriver encore au but que nous venons de lui montrer? Un jour, un berger du port de Venasque, ou de la Junquera, entendra les chants patriotiques d'un de nos montagnards, et ces accents de liberté qui résonneront dans son cœur et qu'il portera dans ses vallées, suffiront pour allumer l'incendie et renverser un trône vermoulu et mal étayé.

Que fera l'Angleterre, acculée par l'Irlande révolutionnaire à cette France, qui, en une matinée, a grandi au centuple? A peine notre liberté est-elle sortie des barricades, que déjà elle s'inquiète, interpelle son ministère pour connaître ses desseins, et tient l'œil et l'oreille au vent qui vient de nos côtés, comme si elle croyait voir sortir de nos ports des vaisseaux qui sont encore à faire. Tant elle sait les prodiges qu'un peuple libre peut opérer!

Je ne parle pas de la Belgique; elle ne peut et

ne veut avoir d'autres destinées que celles de la
France.

La Prusse a trop à faire chez elle pour songer
à nous. Cet État, semblable à l'habit d'Arlequin,
composé de toutes pièces et de toutes couleurs,
n'a ni frontières, ni lien sympathique. Ses provinces, prises çà et là, s'ignorent entre elles, et
tendent toujours à se séparer faute de cohésion.
Le grand-duché de Posen et la Silésie donnent la
main à la Pologne. Là Poméranie, toute de mœurs
et d'origine slave, comme son nom même l'indi-
que, et tombée sous tant de maîtres, s'est peu
identifiée avec la métropole qui forme aujour-
d'hui le centre de la monarchie prussienne. Les
provinces rhénanes sont plus françaises qu'alle-
mandes; elles se défendraient peut-être par point
d'honneur si on allait les chercher; qu'on les
attende, elles viendront toutes seules. Il ne reste
donc au roi de Prusse que le Brandebourg, et
encore Dieu sait tous les ferments de liberté et
toutes les tendances révolutionnaires qui agitent
ce duché.

L'Autriche ne vaut guère mieux. D'un côté
son royaume d'Italie, de l'autre celui de Hon-
grie la serrent comme dans un étau, et donnent
fort à faire à cette espèce de gouvernement fossile
dirigé par un ministre caduc, et dont les décrets,
tantôt sanguinaires, tantôt ridicules, ne servent

qu'à le rendre plus méprisable en montrant sa colère et son impuissance.

Quant à la Russie, ce grand fantôme qui jette parmi nous tant d'épouvante, il faut le voir de près pour ne plus le craindre. Je l'ai parcourue presque dans toutes ses parties, et rien ne m'a tant frappé que sa faiblesse à côté d'un orgueil que rien ne justifie, mais qui provient sans doute de l'erreur commune aux Russes et aux étrangers, qui croient que l'importance de cet empire est en raison de son étendue, et du mouvement et du luxe qu'on trouve dans ses deux capitales. Moscou et Pétersbourg renferment tout ce que la Russie a de ressources et de vitalité. Dans cette dernière ville surtout, il y a un tel concours de population et de richesse, un tel étalage de panaches et d'attirail militaire, que quand on s'arrête là, on pourrait tout craindre de son humeur conquérante. Une loi russe prive de sa noblesse toute famille qui laisse passer trois générations sans ceindre le glaive ; de là une telle affluence d'officiers, que, en dehors du serf, vous ne sauriez trouver un seul habit bourgeois. L'armée est composée d'un million d'hommes, écrémés par une garde impériale réunie à Pétersbourg, qui ne laisse dans les provinces que des soldats chétifs qui font mal à voir, et derrière cette armée, plus rien que des villages pauvres et clair-semés, des hommes paresseux et abrutis par l'esclavage, et qui peuvent à peine suffire à la culture et aux autres travaux. Plus on avance dans le cœur de ses provinces, plus on aperçoit cette lèpre qui les ronge et les détruit. Au delà de Pétersbourg et de Moscou, et de la ligne qui réunit ces deux villes, à peine a-t-on parcouru une zone de quelques verstes, qu'on ne trouve plus qu'une solitude qui effraye et une misère qui navre. A part ce dépérissement, suite inévitable du système odieux et barbare qui pèse sur ce pays, on y trouve encore d'autres causes de faiblesse qui résultent de l'ensemble même de l'empire, et de sa diversité de peuples, de mœurs et de religions. Dans toute la monarchie, il n'y a de réellement russe que l'ancien duché de Moscovie ; tout le reste a conservé ses anciennes sympathies ; il tourne ses regards vers la patrie ou les institutions dont il a été séparé, et ne cesse de gémir sur son oppression, comme les tribus de Juda, au souvenir de Jésusalem, sur les bords étrangers de l'Euphrate. Il faut au gouvernement russe une force permanente, une attention de tous les instants, pour empêcher que l'Ukraine et la Lithuanie ne redeviennent polonaises ; que les provinces de l'est et du midi, toutes mahométanes, ne se séparent de leurs conquérants ; et que la Finlande, suédoise de cœur, de mœurs et de re-

ligion , ne retourne à sa mère patrie. Ses soixante-
quatre millions de population sont sans cesse
occupés à se contenir mutuellement, à cause de
leur défaut d'homogénéité. Il a fallu que Nicolas
transportât la capitale de la Finlande d'Abo à
Helsingfors, pour l'empêcher de voir la Suède
de trop près. L'armée de 60,000 hommes sta-
tionnée au Caucase , sert plutôt à empêcher la
réunion des royaumes de Khasan et d'Astracan aux
autres tribus sauvages et inconquises , qu'à donner à la Russie une étendue de rochers et de dé-
serts dont elle n'a que faire. Et qui ne sait toutes
les tendances d'union entre les provinces polonaises à peine contenues par une garnison étrangère de 5o,ooo hommes ; et tout ce qu'il a fallu
d'efforts à la Russie , en 1831 , pour étouffer le
mouvement devant lequel elle aurait échoué sans
le concours des autres cabinets !

Tel est le sort des États formés par l'ambition
et la violence , et composés de parties diverses
et antipathiques. Un jour arrive, où, d'un côté,
se fait sentir une décadence de pouvoir , et de
l'autre une progression de haine et de répugnance.
L'affaire des rois accomplie , les peuples songent
à la leur ; et chacun , brisant le dernier réseau
qui le retenait encore , revient à l'état d'où il était
parti.

Depuis longtemps cette immense révolution

était pressentie. Une lutte sourde, parfois vio-
lente, entre les peuples et les souverains, l'annon-
çait aux hommes les moins prévoyants. Après 93,
quels vains efforts n'avons-nous pas faits dans
notre pays pour reconstituer une monarchie!
D'abord, l'empire : tout semblait concourir à sa
stabilité. Il héritait de toute la gloire militaire de
la révolution. Il était placé dans les mains du
plus grand génie des temps modernes, idole du
peuple et de l'armée, accepté par la nation entière, qui avait garanti la succession dans sa famille par une loi solennellement votée. De plus,
une profonde fatigue des désordres et des excès d'un gouvernement populaire, poussé, autant par l'irritation des partis que par son inex-
périence, car à son premier essai de liberté, les
erreurs lui étaient faciles. Malgré tous ces avan-
tages, la nation, à peine reposée, reprend ses
allures d'indépendance, et le chef de l'État met
tous ses soins à arrêter ces germes de liberté qui
repoussent, et à les étouffer sous un déluge de
gloire et de conquêtes. Pendant qu'il fait courir
ses armées après la victoire, il organise dans
l'intérieur le plus odieux despotisme, secondé par
la plus odieuse police. Les idées d'indépendance
deviennent à ses yeux des crimes d'État, il pros-
crit tout ce qui a montré au peuple sa dignité et
ses droits. Il eût effacé, s'il eût pu, les pages in-

délébiles de l'histoire, et donné au passé le langage qui favorisait sa domination. Malgré tant d'efforts et de génie, la nation, plutôt étourdie que vaincue, ne perd pas de vue ses droits, et marche d'un pas assuré à leur conquête. Tous les jours le prestige se dissipe; le despote apparaît de plus en plus; et après un règne de quelques années, il tombe, plutôt abandonné par le peuple, que devant les armées d'une coalition étrangère. Il ne peut transmettre à son fils un trône qui lui était garanti par le vœu national, et autour duquel il avait accumulé d'innombrables victoires.

Arrive la Restauration. Louis XVIII, témoin de la première révolution, avait compris le besoin qui agitait le peuple, et pendant son exil il avait eu le temps de s'en pénétrer. A son retour, il crut indispensable de se faire précéder par une constitution qu'il avait méditée dans sa solitude d'Hartwell, mais œuvre incomplète et décousue, comme elle devait l'être, sortie d'un homme appelé au trône et nourri de tous les anciens préjugés de la monarchie. Cependant ce mot de constitution avait une telle puissance, qu'il était devenu le drapeau de toute la France. On s'y ralliait avec tant d'enthousiasme, qu'il excluait d'abord toute idée d'examen, et apparaissait comme le type et le but de nos besoins. L'auteur de la

Charte rappela l'ancien comte de Provence de 89,
celui qui, seul dès princes de la famille royale,
avait fait défection à la cour et suivi le mouvement. On se rappela que son bureau avait ad-
mis le premier le peuple aux états généraux. On
se souvint de sa tristesse et de sa mauvaise volonté dans la violence faite par la cour au par-
lement. On exhuma tout ce qu'on put trouver
dans son passé de favorable à l'indépendance;
on se promit mieux encore pour l'avenir. Et
tout cela lui valut plus d'enthousiasme que le
dégoût et la fatigue où l'Empire nous laissait, et
que les idées de légitimité fort mal comprises
alors par la majorité de la France. Malheureuse-
ment c'était une royauté, toujours ennemie des
idées libérales. La défiance naquit bientôt entre
elle et le peuple. On commença à lire et à exa-
miner cette Charte qui avait été si bien accueillie.
On la trouva pleine de défauts; quelques articles
parurent même empreints de perfidie et de jé-
suitisme. Dès lors, plus de confiance. La ligne
était tracée entre les deux camps, et le peuple
reprit sa marche un instant interrompue. L'opposition naquit. Elle grandit peu à peu, et, après
mille péripéties, elle provoqua les ordonnances
de juillet et ses trois mémorables journées. Une
seconde monarchie tombait après une seconde
abdication, sans pouvoir transmettre une cou-

ronne dont l'hérédité était également garantie par une loi, et de plus, par une coutume de huit siècles.

On aurait dû laisser là tous ces essais, et commencer le règne du peuple, le seul possible désormais. Mais soit que, prise à l'improviste, la nation fût mal préparée; soit que, après la chute du système militaire, et de celui de la noblesse, il fallût encore marquer d'impuissance une troisième et dernière classe, celle des roués et des intrigants, on se laissa tromper; on crut à une phrase niaise : *A une monarchie la meilleure des républiques.* On se laissa aller aux mots et aux apparences. Le mensonge et la perfidie se glissèrent partout; le système le plus sale et le plus corrupteur envahit toutes les branches de l'administration. Le vol fut presque avoué publiquement. Tout se vendit au poids de l'or et des consciences politiques. L'indépendance fut proscrite comme un crime, et la vénalité devint le plus beau titre à la faveur. Avec cela, arrogance et despotisme à l'intérieur; bassesse et lâcheté au dehors. Toutes nos anciennes gloires, toutes nos dignités furent sacrifiées à l'égoïsme d'une famille qui voulait régner à tout prix, et à l'intérêt privé de quelques hommes qui la soutenaient, et qui avaient abjuré tout sentiment de patriotisme pour élargir leur fortune.

Ce pouvoir, après avoir usé toutes les pa-
tiences, ne tenant à la nation par aucune sympathie, devait tomber sans combat : par la seule
puissance du mépris public.

Ainsi, depuis notre premier essai en république, trois monarchies se sont succédé. Le
peuple, entraîné par l'élan qui suit toujours un
mouvement révolutionnaire, les a saluées par
d'unanimes acclamations, et a cru à leur durée,
comme au bonheur et à la tranquillité qu'elles
lui apportaient. Son erreur a été courte. Il a
bientôt vu que le principe monarchique entraî-
nait toujours une suite de priviléges et de mo-
nopoles qui s'engraissent au détriment des classes
pauvres et laborieuses. Il a senti ses souffrances
toujours aiguës et vivaces, sa misère toujours
plus poignante ; et quand il a voulu faire entendre une plainte, quand son désespoir a crié pitié
pour une vie si déplorable, on l'a traqué comme
une bête fauve, poursuivi comme un misérable.
Tels sont les résultats de ces trois monarchies.
En se succédant, chacune prenait les vices de
celle qu'elle remplaçait, sans en garder une seule
vertu ; leur principe était si usé et si peu en harmonie avec l'esprit et les besoins qui les avaient
créées, qu'elles semblaient ne pouvoir fonction-
ner que pour le malheur et la ruine de la société.

Maintenant, il s'agit d'assurer les fruits de cette

révolution, en la garantissant de tout excès, et en lui donnant une direction qui réponde aux idées dont elle est sortie. Les tendances républicaines sont trop généralement reconnues, pour que toute pensée de monarchie ne doive pas être à jamais bannie ; les malheurs de notre première révolution ne sauraient se reproduire : les hommes ni les temps ne sont plus les mêmes. Le mouvement de 92 avait été une révolution de faits sans changer la nature des idées ; aussi, d'un côté, abus et tyrannie pour jouir d'une liberté indéterminée et mal comprise ; de l'autre, résistance et sourdes intrigues pour retenir des priviléges qu'on croyait fondés sur une justice consacrée par l'habitude. La classe qui tombait était trop près de ses jouissances et de ses affections, pour qu'elle pût oublier et se résigner à ce qu'elle considérait comme une sacrilége usurpation ; celle qui s'émancipait, trop inexpérimentée, pour qu'elle pût être modérée et pardonner à ce qu'elle appelait un criminel abus de puissance. D'ailleurs, l'une et l'autre étaient en présence avec des forces à peu près égales, et décidées, la première à défendre son passé, la seconde à constituer son avenir. De là, tous les combats acharnés et toutes les scènes de désordre de cette époque.

Aujourd'hui, tout est changé. Plus de noblesse

constituée pour propager la résistance; plus de cour pour enrayer la marche de nos assemblées; plus de clergé ennemi pour soulever le fanatisme et jeter la terreur au fond des consciences. Ce n'est plus un parti qui attaque un autre parti; c'est une nation entière soulevée par une même pensée, qui change, par un accord unanime et spontané, la forme de son gouvernement.

Ce serait mal comprendre notre esprit de liberté que d'en attribuer l'origine aux actes des assemblées constituante, législative et nationale. C'est plutôt les progrès intellectuels de cinquante ans d'expérience, et les abus de trois royautés qui se sont succédé, qui nous ont rendus républicains. La France de 1848 n'a à prendre de la France de 1792 que les leçons du passé, ce qui est commun à toutes les époques de l'histoire. Le reste s'efface devant elle, comme tout ce qui s'est accompli par les lois du temps, des circonstances et de la destinée.

En 92, à part quelques hommes que l'esprit philosophique du xviii$^e$ siècle avait jetés au delà de leurs contemporains, la France n'était pas encore arrivée à concevoir une république. L'ardeur qui l'agitait n'était qu'un état fiévreux provoqué par de longues souffrances, un profond abrutissement, résultat d'une longue servitude, à côté

d'une dépense folle de plaisirs, de luxe et d'orgueil. C'était plutôt la manifestation d'une colère,
d'une haine et d'une vengeance, que le sentiment
bien compris d'une âme qui revendique sa part
de droits et de liberté. La république n'aurait
pas eu une si courte existence, si elle eût été
appuyée sur l'intelligence et sur les convictions
du peuple. Une nation qui a compris sa force et
sa dignité, et qui est arrivée, par sa raison, à pouvoir se gouverner elle-même, conserve plus longtemps son indépendance. Il faut de longues années et une grande corruption pour faire passer
un peuple, de la liberté, je ne dirai pas à l'esclavage, mais à l'idée même de supporter une
domination; et l'espace écoulé entre 1792 et
1804 a été trop court pour opérer une telle
transformation.

Les institutions républicaines sont aujour-
d'hui dans tous les esprits. Elles sont donc iné-
vitables. Toutes ces royautés si vite détruites,
tous ces princes traînés dans l'exil à peine cou-
ronnés, n'annoncent-ils pas les tendances démo-
cratiques qui dominent notre société? Et serions-
nous assez aveugles pour ne pas le reconnaître,
qu'il faudrait, bon gré, mal gré, se soumettre à
cette nécessité, pour ne pas s'exposer à de nou-
velles révolutions qui finiraient par entraîner
des luttes et des malheurs incalculables. L'ou-

vrier si courageux dans le combat, si modéré dans la victoire, a abdiqué sa puissance avec une générosité sur laquelle il ne faut pas se tromper. S'il s'est retiré si vite, c'est qu'il a confiance dans les hommes qu'il a élus, et dans sa propre force. Le jour où il croirait voir une opposition systématique à ses droits et à ses besoins, il sortirait de ses ateliers, et son bras serait encore comme la tête du maître des dieux, dont le mouvement fait trembler l'Olympe. S'opposer à ce progrès qui nous entraîne, vouloir arrêter le cours des idées de liberté et d'égalité qui se font jour à travers tous les obstacles que les gouvernements du privilége et de la faveur leur opposent, ce serait être encore plus aveugle que les rois qui tombent, et prendre sur soi une terrible responsabilité.

Au moment où les partis vont se trouver en présence, et où toutes les passions politiques vont se mettre en jeu, la France ne saurait trop réfléchir sur sa mission et sur les devoirs qu'elle a à remplir. Il ne s'agit pas ici de convictions personnelles à faire triompher, d'intérêts privés à servir; il s'agit du bonheur et de l'avenir du pays qui attend tout de notre patriotisme, de notre courage et de notre abnégation. Nous avons fait beaucoup pour notre liberté; il nous reste encore plus à faire. Nous avons détruit, il faut constituer. Dans le premier cas, le courage seul suffisait; dans le second, il faut faire preuve tout à la fois d'énergie, de sagesse et de persévérance. L'Europe a les yeux sur nous. Elle attend dans le silence ce que nous allons faire et ce que nous allons devenir. Si nous avons la sympathie des peuples, les rois repoussent nos tendances. Les premiers nous applaudiront si notre révolution marche pure; ils nous regarderont comme les précurseurs de leur émancipation. Mais ce serait donner beau jeu à nos ennemis, si nous allions tomber dans des excès qui terniraient notre gloire et nos triomphes.

Les élections qui vont s'ouvrir décideront cette grave question qui tient les esprits en suspens et dans l'anxiété. Tout le monde a les yeux tournés vers ce moment solennel, où le scrutin fera connaître les noms de ceux sur lesquels se fonde tout notre espoir. L'histoire d'aucune nation n'offre un tel exemple. Les électeurs doivent y songer sérieusement, et ne choisir que des hommes qui soient propres à un si grand mandat. Il faut que ceux qui seront appelés à nous donner un gouvernement et une constitution, fassent abnégation de tout intérêt et de tout sentiment personnel pour le bien du pays, et qu'ils sacrifient, s'il le faut, leur propre opinion et leurs propres principes à ses tendances générales. Il faut

qu'ils soient tout à la fois des hommes sages, éner-
giques et persévérants, et qu'ils sachent résister
aux mouvements d'une exaltation aveugle et ir-
réfléchie. Rien n'entraîne plus aisément au delà
de la volonté et de la résolution que les convictions politiques; aussi il faudra à tous nos man-
dataires une raison exercée pour savoir s'arrêter
à temps, et ne pas compromettre notre avenir
par une folle exagération. De plus, il est indispensable que leurs connaissances soient à la hau-
teur des grandes questions qu'ils auront à traiter.
Une fois notre gouvernement organisé et notre
constitution créée, tout est encore à refaire dans
l'État. Notre système administratif, vicieux et
incomplet, demande une réforme radicale, qui
devra porter autant sur les choses que sur les
personnes. La réduction inévitable de l'impôt
foncier, la suppression totale ou presque totale
d'autres droits qui pèsent plus spécialement sur
le petit consommateur, exigent un profond examen pour permettre d'arriver à la solution d'autres questions tout aussi urgentes : le déficit,
l'organisation du travail, l'amélioration des classes pauvres de la société, et notre industrie com-
merciale si gravement compromise par l'indigne
système de paix à tout prix. Depuis l'avénement
du gouvernement de Juillet qui nous avait fait
de si belles promesses du côté des finances,

nous avons vu chaque année une augmentation
progressive du budget, dont l'excès servait à
étayer le despotisme ministériel, en payant à
pleines mains le mutisme et la complaisance de
ses cohortes, qui faisaient entre elles le honteux
partage des sueurs du peuple. Il est temps enfin
d'assurer par de bonnes garanties la pro-
bité ministérielle; de bannir ces fonds secrets,
cette police occulte, source impure et appui des
dilapidations; et de forcer un ministre à pré-
senter des comptes simples, clairs, et dont les
chiffres soient toujours en rapport avec les pièces
justificatives.

Tous ces bienfaits, toutes ces sages réformes
naîtront d'un gouvernement loyal et fonction-
nant au grand jour. La responsabilité adminis-
trative ne sera pour personne une loi dérisoire,
une fiction ridicule. Par là, la France, peu à peu
sortie de sa commotion, guérira toutes les plaies
que lui a léguées la corruption du système dé-
chu; et, parvenue à son état normal, elle pèsera,
dans la balance politique, de tout le poids d'une
nation qui tient la première place dans le monde
civilisé.

Tel doit être notre espoir, si nous savons donner à notre révolution la marche qui lui con-
vient. Une république appuyée sur le suffrage
universel, et sur cette sagesse ferme et résolue

que donnent la puissance et la volonté de tout un peuple, est appelée à devenir le nœud commun de toutes les nations. J'ai foi dans cet avenir que Napoléon a prédit, et qui se réalisera. Le principe que nous venons de proclamer court le monde et unit tous les États par un lien de liberté et de fraternité. Guerre aux abus et à l'oppression, tel est le cri de l'Europe et le besoin de tous les peuples. Une solidarité générale fait de toutes les nations une seule société tendant au même but : la liberté et la chute de tous les despotismes.

Ce cri qui, depuis si longtemps, retentissait au fond de tous les cœurs, Dieu vient de le faire entendre par la bouche de son premier ministre. A peine parti du Vatican, il a retenti sur le sommet des Apennins, au haut de l'Etna et sur la chaîne des Alpes. L'Italie entière a salué ces nobles accents qui résument toute la doctrine du Christ, et qui unissent l'homme à l'homme par la religion et la fraternité, en ne faisant de toute la terre qu'une seule famille. Pie IX a consacré la liberté des peuples. Il a béni leurs efforts généreux, et flétri sans retour le joug honteux des despotes. C'est le prophète que le ciel a envoyé aux peuples et aux rois pour mettre un terme à leurs longues luttes, pour proclamer les droits sacrés des uns et proscrire les odieuses prétentions des autres. Il a accompli sa sainte mission avec tout le courage qu'on devait attendre d'un homme placé entre le ciel et l'humanité. Appuyée sur la religion, la liberté n'a plus rien à craindre, elle est éternelle.

Quel plus beau moment notre république pouvait-elle donc choisir pour faire son entrée dans le monde et se faire bénir? Qui oserait l'arrêter et lui refuser une place? Qui oserait lui dire: Rentre, l'heure de ta venue n'a pas encore sonné; attends encore, nous t'appellerons quand il en sera temps? Elle apparaît trop puissante pour qu'on puisse rien lui nier. Elle n'ira pas, comme une vile courtisane, mendier des faveurs étrangères et un insolent accueil. Elle est assez forte pour n'avoir rien à craindre, assez grande pour attendre les honneurs chez elle. En prenant sa place, son dernier mot sera un mot de paix pour les rois, mais elle promettra aussi aux peuples son secours et sa protection, si on les attaque dans les droits qu'ils auront euxmêmes proclamés, et *ses promesses seront désormais une vérité.*

TYPOGRAPHIE DE F. DIDOT, RUE JACOB, 56.

9 782012 477094